BEI GRIN MACHT SICH IHR WISSEN BEZAHLT

- Wir veröffentlichen Ihre Hausarbeit,
  Bachelor- und Masterarbeit

- Ihr eigenes eBook und Buch -
  weltweit in allen wichtigen Shops

- Verdienen Sie an jedem Verkauf

Jetzt bei www.GRIN.com hochladen
und kostenlos publizieren

Anonym

Das antike Sparta. Der Einfluss der griechischen Poleis Sparta auf die letzten 2500 Jahre hinsichtlich gesellschaftlicher Ereignisse und Kampfkunst

GRIN Verlag

Bibliografische Information der Deutschen Nationalbibliothek:

Die Deutsche Bibliothek verzeichnet diese Publikation in der Deutschen National-
bibliografie; detaillierte bibliografische Daten sind im Internet über http://dnb.d-
nb.de/ abrufbar.

Impressum:

Copyright © 2014 GRIN Verlag GmbH
Druck und Bindung: Books on Demand GmbH, Norderstedt Germany
ISBN: 978-3-656-86091-4

Dieses Buch bei GRIN:

http://www.grin.com/de/e-book/285853/das-antike-sparta-der-einfluss-der-griechi-
schen-poleis-sparta-auf-die

GHS Schwerpunkt HS
AT 2 Geschichte
WS 2013/2014
Seminar: Griechenland und das
Perserreich in der Antike

Das antike Sparta

Der Einfluss der
griechischen Polis Sparta
auf die letzten 2500 Jahre
hinsichtlich
gesellschaftlicher
Ereignisse und Kampfkunst

Inhalt

1. Einleitung und Fragestellung

„Eines Tages dachte ich darüber nach, dass Sparta, wiewohl eine der bevölkerungsärmsten Stadt Griechenlands geworden ist und ich wunderte mich darüber, wie dies geschehen konnte. Dann dachte ich an die Einrichtungen der Spartiaten, und ich wunderte mich nicht mehr." [1]

So wie Xenophon erging es wohl vielen Zeitgenossen, als auch der Nachwelt. Bis heute sind die Tugenden der Spartaner sehr hoch angesehen. Sie gelten als die besten Krieger der Antike. Die soziale Ordnung jedoch stieß bereits zu der damaligen Zeit auf Kritik, denn diese war unfreiwillig und bestand aus Unterdrückung. Unmittelbar nach der Geburt begann die staatliche Kontrolle, indem die Säuglinge auf ihre Gesundheit geprüft wurden.

Neben Athen ist Sparta sicherlich der berühmteste antike Stadt- Staat Griechenlands. Beide Staaten verstanden es, jeweils auf ihre Weise durch Kunst und Kultur, durch beeindruckende Gebäude oder durch militärische Erfolge bleibenden Eindruck von der antiken Welt bis in die Gegenwart zu hinterlassen. Dabei waren die Strukturen der beiden Poleis durchaus recht gegensätzlich. Während Athen gewissermaßen zur Urform der Demokratie wurde, gilt Sparta als Vorreiter einer Oligarchie.

Spartas Ordnung mit seiner recht einfachen Struktur war in der gesamten griechischen Welt einzigartig: Ausdauer, Abhärtung und Kampfhandlungen standen im Mittelpunkt des spartanischen Lebens, während die Entfaltung einer ausgeprägten Lebensweise, etwa durch prunkvolle Bauwerke oder eine ausgiebige Festkultur, nicht angestrebt wurde. Die Beurteilung dieser speziellen Lebensform schwankt bis in die heutige Zeit zwischen Verklärung und harter Kritik.

Die Auseinandersetzung mit der Frage, inwiefern Sparta für die unterschiedlichen Epochen in den letzten 2500 Jahren als Vorbild gedient hat, soll den Schwerpunkt der vorliegenden Hausarbeit darstellen. Zunächst wird jedoch die politische und gesellschaftliche Ordnung thematisiert, woraufhin aufbauend die Erziehung und der Lebenslauf eines Spartiaten beschrieben werden. Anschließend werden die zahlreichen Parallelitäten zwischen den nationalsozialistischen und den spartanischen Idealen verdeutlicht. Ich möchte mich im Resümee meiner Hausarbeit mit einer Fragestellung beschäftigen, welche unterschiedliche Unterpunkte beinhaltet: Zum einen interessiert mich die Frage, weshalb die Prinzipien der militärischen Kampfkunst Spartas bis heute noch von Streitkräften wie beispielsweise der U.S. Marine und der U.S. Armee befolgt werden, obwohl sie doch als barbarisch und menschenunterdrückend gelten, zum anderen, weshalb sich Philosophen, Herrscher und Dichter stets so stark an den Mythos der „300" besannen. Wenn im Folgenden von den "Spartiaten" die Rede ist, dann sind lediglich die vollberechtigten Männer Spartas gemeint. Mit dem Begriff Spartaner hingegen, sind alle männlichen Personen gemeint, auch die Heloten und Perioken.

---

[1] Baltrusch, E., 2010, S.11

2. Die politische und gesellschaftliche Ordnung Spartas

Das Geheimnis, das diese Polis zur Vorrangstellung geführt hat, liegt in deren einzigartigem Staatsaufbau. Mit keinem anderen Stadtstaat zu vergleichen, war die Welt der Spartaner ganz und gar auf den Krieg zugeschnitten und ordnete das Wohl eines jeden Bürgers dem des Staates unter. Es gab keine Aristokratie und kaum privates Reichtum. Fremden Poleis gegenüber schottete sich Sparta gänzlich ab und stützte sich - stärker als viele andere hellenische Städte - auf Traditionen wie Orakel, Götter und Heroen. Die erste streng totalitäre, militaristische Verfassung der Weltgeschichte blühte in Lakonien auf. Ein zu seiner Zeit zugleich bewundertes, aber auch gefürchtetes Staatsmodell im antiken Griechenland. Die Mythologisierung des Stadtstaats Sparta inspiriert bis in die Neuzeit hinein die unterschiedlichsten Bevölkerungsgruppen, wie später in dieser Ausarbeitung gezeigt werden soll.[2] Im Folgenden werden jedoch zunächst die wichtigsten Staatsorgane und deren Funktionen in der Oligarchie vorgestellt.

2.1 Das Königtum

Das Doppelkönigtum in Sparta geht wahrscheinlich auf die Wanderungszeit zurück. Die Spartaner aber glaubten, dass eine Zwillingsgeburt zur Einführung von zwei Königen geführt haben soll. Die Hauptfunktionen der Könige waren die Führung des Heeres und die Erkundung des göttlichen Willens.

Nicht selten nutzten Könige ihren Ruhm auch dazu, das von der Rhetra geregelte Zusammenspiel der Institutionen zu ihren Gunsten zu verändern und versuchten, Rat und Volksversammlung zu dominieren. Folglich konnte sie auch kein Spartiat an der Führung eines Krieges gegen ein anderes Land hindern, da er sonst geächtet wurde.

Sicherlich entschied auch die Volksversammlung über Krieg und Frieden, wie wir später sehen werden, jedoch blieb der König uneingeschränkter Befehlshaber im Krieg.[3]

Der zweite Aufgabenbereich der Könige bestand darin, die Gemeinde gegenüber den Göttern zu vertreten. Für jede Handlung musste die Zustimmung der Götter eingeholt werden. Sei es durch die Befragung des Orakels von Delphi, durch Opfertätigkeit oder durch die Beobachtung von Naturerscheinungen. Da auf diesem Feld Manipulationen leicht möglich waren, konnten Könige politische oder militärische Entscheidungen der Stadt maßgeblich beeinflussen.[4] Die städtischen Institutionen konnten den Königen nicht einfach die Interaktion mit den Göttern entziehen. Entsprechend ihrer Stellung im spartanischen Staat wurden den Königen besondere Ehrungen und

---

[2] vgl. Antikes Griechenland: Sparta- ein Leben für den Krieg
[3] vgl. Claus, M., 1983, S. 54
[4] vgl. Baltrusch, E., 2010, S. 14

unantastbare Ehrenrechte zuteil, z.B. die Übereignung von Königsgütern, höhere Beuteanteile oder Ehrenplätze bei den Gemeinschaftsspeisungen.[5] Das Königtum war ein lebenslanges Amt, in dem beide Könige dieselbe Macht hatten. Aufgrund dessen entstanden immer wieder Konflikte. Je nach Neigung achtete oder rühmte die Menge einen König mehr als den anderen. Dies führte oftmals zu Neid und Missgunst bzw. Stolz und Übermut.[6] Beeindruckend waren insbesondere die Zeremonien nach dem Tod der Könige. Reiter verkündeten die Trauerbotschaft in ganz Lakonien. Sowohl Spartiaten, als auch Heloten und Periöken mussten an der Trauerklage teilhaben. Nach dem Tod eines Königs fand in Sparta zehn Tage lang weder der Markt, noch das Gericht oder die Wahlversammlung statt; das öffentliche Leben ruhte sozusagen. Es war, so beschreibt Xenophon, als sei ein Halbgott gestorben.[7]

(επεαν δε θαψωσι, αγορη δεκα ημερεων ουκ ισταται σφι ουδ αρχαιρεσιη συνιζει, αλλα πενθεουσι ταυταξ ταξ ημεραξ.)[8].

2.2 Die Volksversammlung

Neben den beiden Königen gehörte auch die Volksversammlung zum gesellschaftlichen System. Ihr kam eine bedeutende Rolle zu. Sie beschloss die Leitlinien der Politik des lakedaimonischen Staates, indem sie beispielsweise über Krieg und Frieden befand und die Amtsträger wählte. Beschlossen wurden ausschließlich Anträge, welche von der Gerusia- bestehend aus 28 Geronten und den zwei Königen- vorberaten und befürwortet wurden. Zur Teilnahme an der Volksversammlung waren alle erwachsenen spartanischen Vollbürger berechtigt, die sogenannten Spartiaten.

Trotz ihrer sehr großen Bedeutung findet die spartanische Volksversammlung in der Antike nur sehr selten Erwähnung. Teilweise verbirgt sie sich wohl hinter Ausdrücken wie οι Λακεδαιμονοι, η πολιξ oder το κοινον. Ausdrücklich wird dieses Gremium erst ab dem 5. Jahrhundert v.Chr. genannt.

In Sparta hielt sich bis in die historische Zeit die Sitte, dass die Volksversammlung ihre Zustimmung bzw. ihr Missfallen durch Zuruf zum Ausdruck brachte und es keine Abstimmung durch Handaufheben gab, wie in anderen griechischen Städten. Der Versammlungsort der Apella wechselte mehrfach, wobei man unter freiem Himmel auf dem Boden saß. Erst in hellenistischer Zeit versammelten sich die Bürger in einem geschlossenen Raum, der sich am Markt befand. Ob der einfache Bürger innerhalb der Volksversammlung diskutieren durfte, wissen wir nicht; es ist

---

[5] vgl. Baltrusch, E., 2010, S. 24
[6] vgl. Claus, M., 1983, S. 30
[7] vgl. ebd., S. 32
[8] Luther, A., 2006, S. 76

allerdings nicht sehr wahrscheinlich.[9] Zudem ist es auch schwer vorstellbar, dass der gehorsame, disziplinierte spartiatische Soldat als Bürger in der Volksversammlung seine normalen Gewohnheiten einfach ablegte. Vielmehr kann man davon ausgehen, dass er den Debatten lauschte und den Vorschlägen zustimmte, wie er auch sonst den Befehlen gehorchte.

Eine der vielen Fragen, welche sich durch den Komplex der Apella Historikern stellt, ist die Größe der Versammlung. Zwar lässt sich die Zahl der Spartiaten in den einzelnen Jahrhunderten noch annähernd berechnen, aber es lässt sich nicht genau festlegen, wie viele jeweils an der Versammlung teilnahmen. Zweifellos war für die Spartiaten eine Teilnahme leichter möglich als z.b. für den Bürger Athens, da der Spartiat genügend Freizeit hatte und nicht auf den Erwerb des täglichen Lebensunterhalts angewiesen war.[10]

Zu den Aufgaben der Volksversammlung gehörte die Wahl der Geronten und Ephoren. Sie erfolgte nach einem Modus, den Aristoteles als „kindisch" charakterisierte und den Plutarch wie folgt beschrieb: *„Das Volk versammelte sich, und dazu ausgewählte Männer wurden in ein Haus in der Nähe eingeschlossen, wo sie weder etwas sehen noch gesehen werden konnten, sondern nur das Geschrei der Versammelten hörten [...] Die Eingeschlossenen hatten Schreibtafeln und vermerkten darauf bei jedem die Stärke des Geschreis, ohne zu wissen, wem es galt."*[11]

2.3 Die Geronten

Altern war für die Menschen in der Antike- und dies gilt für viele archaische Gesellschaften- ein Prozess, der mit dem Erlangen anstrebenswerter Eigenschaften verbunden war. Mit zunehmendem Alter erwarb ein Mann Erfahrung, Verstand und Weisheit, gleichzeitig stieg er in seiner sozialen Position auf. Errang er schließlich den begehrten Stand der Zugehörigkeit zur Gruppe der Ältesten, hatte er staatlich- politische und religiöse Leistungsfunktionen zu erfüllen.[12]

Die Ältesten in Sparta waren die Geronten, ihr Versammlungsgremium nannte man die Gerusie. Als sich in Sparta die politischen Institutionen verfestigten und ein verfassungsmäßiger Rahmen entstand, wurde das 60. Lebensjahr als untere Altersgrenze für die Geronten festgelegt. In diesem Alter traten die Spartiaten aus dem aktiven Kriegsdienst aus und hatten zugleich eine ausreichende Lebenserwartung, um ihre bis dahin gesammelten Erfahrungen eine Zeit lang der Gemeinschaft zur Verfügung stellen zu können.[13] Aus den Quellen erfahren wir über die Gerusie nicht sehr viel, außer, dass sie politisch für alles in Sparta zuständig war, da sie alle Entscheidungen der Volksversammlung vorbereitet. In der Verfassung jeder durchschnittlichen griechischen Stadt gab es eine souveräne

---

[9] vgl. Claus, M., 1983, S.26
[10] vgl. ebd., S.28
[11] ebd., S.29
[12] vgl. ebd., S.44
[13] vgl. Claus, M., 1983, S.45

Versammlung, die oligarchisch oder demokratisch organisiert war. Daneben gab es ein kleineres Gremium, welches auf unterschiedlichste Weise zusammengesetzt war und gewählt wurde. Es arbeitete die Tagesordnung für die größeren Versammlungen aus, hielt Beratungen ab und formulierte Vorschläge. In Sparta war dies die Gerusie.

2.4 Die Ephoren

Ausgangspunkt für die Überlegungen hinsichtlich der Entstehung des Ephorats ist zum einen der Begriff „ephoros" (Aufseher) und zum anderen der Eid, den sich Könige und Ephoren monatlich gegenseitig schworen. Aufseher waren sie in vielerlei Hinsicht. Sie achteten beispielsweise auf die Ernährung bzw. das gesunde Aussehen der Männer, die alle zehn Tage nackt vor ihnen anzutreten hatten. Kontrolliert wurden ferner die Kleidung und Lagerstätten der Jugendlichen. Beim Amtsantritt ordneten die Ephoren an, dass alle Männer sich den Schnauzbart scheren und den Gesetzen gehorchen sollten. Plutarch, welcher diese Einzelheiten von Aristoteles übernahm und somit den eigentlichen Sinn nicht mehr verstand, interpretierte diese Anordnung dahingehend, dass die Männer auch in den belanglosesten Angelegenheiten Folge zu leisten hatten. [14]

Die Ephoren hatten bei ihrer Aufsicht über die spartanische Lebensordnung weiterhin darauf zu achten, dass die lakedaimonischen Königshäuser nicht ausstarben. Hierher gehört die Geschichte von den Zwergkönigen: Archidamos soll angeblich von den Ephoren mit einer Geldbuße belegt worden sein, weil er eine kleine Frau geheiratet hatte. Diese würde nicht Könige, sondern Zwergkönige zur Welt bringen.[15]

Da die Ephoren Wächter über die alten, tradierten Lebensformen waren, wurde ihnen erhebliche Macht zugesprochen, sodass auch der Erhalt dieser Sitten garantiert war. Fünf Ephoren wurden für ein Jahr nach dem gleichen „kindischen" Wahlmodus wie bei den Geronten durch die Volksversammlung gewählt. Einer der Ephoren, wohl derjenige der das größte Geschrei auf sich vereinigen konnte, wurde Eponym. Nach ihm wurde das Jahr benannt.

Äußerlich kam die Macht der Ephoren auch dadurch zum Ausdruck, dass sie die einzigen waren, die vor dem König sitzen bleiben durften, während alle Übrigen sich erhoben. [16]

Die Heloten und Periöken, die Sklaven der griechischen Stadtstaaten, waren keinesfalls unwichtig. Ganz im Gegenteil. Sie machten ca. 80% der Bevölkerung aus und ermöglichten es den Spartiaten, sich voll und ganz auf das politische Leben zu konzentrieren.[17] Da sie jedoch für die Entscheidungsgewalten im antiken Sparta keine Rolle gespielt haben, möchte ich diese nicht in aller

---

[14] vgl. Claus, M., 1983, S. 45
[15] vgl. ebd., S. 46
[16] vgl. ebd., S. 42
[17] Die Prozentzahlen variieren je nach Quelle

Tiefe thematisieren, wobei sie zu einem späteren Zeitpunkt in Kapitel vier nochmals kurz zur Sprache kommen werden.

Nachdem nun in aller Kürze das gesellschaftliche System Spartas mit deren wichtigsten Organen dargestellt wurde, möchte ich mich im Folgenden mit der Erziehung der Spartiaten beschreiben.

3. Erziehung und Lebenslauf eines Spartiaten

3.1 Die Vollbürger Spartas

Die Gruppe der Spartiaten bezeichnet die vollberechtigten Mitglieder der Lakedaimonier, also die Gruppe derer, die in dieser Gemeinschaft politische Rechte hatte und somit bei politischen Entscheidungen mitbestimmen konnte. Zudem war es allein dieser Gruppe vorbehalten, Ämter des Gemeinwesens besetzen zu können. Um den Status des Vollbürgers erlangen zu können und auch ausüben zu dürfen, musste man in Sparta allerdings einige Bedingungen erfüllen.

Zum einen mussten die Spartiaten die „Agoge" (Erziehung der spartanischen Jugend) durchlaufen, die mit dem 7. Lebensjahr begann und erst mit dem 30. Lebensjahr endete.[18] Nahezu die gesamte Ausbildung innerhalb dieser Jahre diente der körperlichen Ertüchtigung der jungen Männer, der Abhärtung und der Erziehung zu striktem Gehorsam.

Zum anderen mussten sie in der Lage sein, mit Hilfe ihres Landloses - also des Landes, welches sie besaßen - die durchaus kostspielige Lebensführung eines Spartiaten zu finanzieren.[19] Insbesondere mussten sie genügend aufbringen können, um ihre Zugehörigkeit zu den Speisegemeinschaften sicher zu stellen, ohne dabei jedoch selbst zu arbeiten. Nur wer die genannten Bedingungen erfüllte und somit frei von eigener Arbeit sein Leben ganz in den Dienst des Staates stellen konnte, erhielt die Privilegien eines Vollbürgers.

War es einem jungen Mann, dem Sohn eines Spartiaten, nach der erfolgreichen Absolvierung der „Agoge" möglich, mit dem eigenen Landgut die Beiträge für die Syskenien (Speisegemeinschaften) zu erbringen, so wurde er Vollbürger, also Spartiat. Schaffte er dies jedoch nicht, so schied er aus der Gemeinschaft wieder aus, verlor all seine politischen Rechte und wurde somit ein „Minderer".[20]

Die Mitglieder der privilegierten Gruppe hatten grundsätzlich die gleichen Rechte und Pflichten, weshalb sich die Spartiaten stets auch als „Gleiche" bezeichneten. Insbesondere nach außen vermittelten sie stets den Eindruck, dass alle Spartiaten gleichberechtigt seien. Militärisch waren sie das auch, doch ökonomisch und gesellschaftlich gab es innerhalb dieser Gruppe durchaus enorme

---

[18] vgl. Baltrusch, E., 2010, S. 63
[19] vgl. ebd., S. 66
[20] vgl. ebd.

Differenzen. Während einige kaum in der Lage waren die nötigen Beiträge für die Speisegemeinschaften zu bezahlen, konnten andere Rennwägen bei Wettkämpfen starten lassen. Selbstverständlich waren die Spartiaten bemüht, den Vollbürgerstatus auch an die nächste Generation weiterzugeben, weshalb sie versuchten, möglichst wenige Kinder zu bekommen. Eben dieses Bemühen führte schließlich dazu, dass die Bevölkerungszahl mit der Zeit immer stärker abnahm. [21]

3.2 Der Familienverband

Die kleinste soziale Einheit der spartanischen Gesellschaft war der *Familienverband*. Zum Haus gehörten neben dem Ehepaar auch die legitimen, von beiden Eltern anerkannten Kinder. Einen Beruf im heutigen Sinne hatte der Hausherr nicht. Bauer war er nicht, da die Ländereien von Heloten bearbeitet wurden und Händler und Handwerker durfte er nicht sein, weil dies durch Lykurg so vorgeschrieben war.[22] Somit hatte er viel Freizeit, welche er den Mitbürgern und dem Staat auf Übungsplätzen, beim Gemeinschaftsmahl oder in der Sprechhalle zur Verfügung stellte. Zu Hause bei seiner Frau dürfte er dagegen - auch in Friedenszeiten - selten gewesen sein. Somit oblag ihr die Führung des Hauses mit allem, was dazu gehörte, wie beispielsweise die Beaufsichtigung des Personals. Sogar zwei oder mehrere Haushalte (*oikoi*) konnte eine spartanische Frau leiten, wenn sie (was im Interesse der Nachkommenschaft begrüßt wurde) Kinder von mehreren Männern hatte.[23]

Vom Privatleben einer spartanischen Familie ist nahezu nichts bekannt. Dies scheint auch nicht verwunderlich wenn man bedenkt, dass ihr Leben dazu bestimmt war, dem Gemeinwohl zu dienen. Ein "normales" Familienleben gab es praktisch nicht, denn abgesehen von der ständigen Abwesenheit der Männer, wurde auch die Erziehung weitgehend vom Staat durchgeführt. Während die gesunden Neugeborenen von der Gemeinschaft der Spartiaten aufgenommen wurden, wurden die schwachen und als nicht lebensfähig eingeschätzten Kinder irgendwo auf dem Taygetos ausgesetzt. Anschließend verbrachten die Mädchen und Knaben ihre ersten sieben Lebensjahre im elterlichen Haus, wo sie an die spartanische Lebensweise herangeführt wurden. Im Mittelpunkt der Erziehung - zumindest bei den Knaben - standen in erster Linie die körperliche Ertüchtigung, die Ausdauer sowie die Fähigkeit, Kälte, Hitze, Hunger, Durst, Schläge und Schmerzen zu ertragen.

---

[21] vgl. Baltrusch, E., 2010, S. 67
[22] vgl. ebd.
[23] vgl. ebd., S. 68

3.3 Die Agoge

Nach dem siebten Lebensjahr trennten sich die Wege von Jungen und Mädchen. Während die Mädchen eine intensive Ausbildung unter der Aufsicht der Mutter genossen, wurden die Jungen in Anstalten erzogen. Beide Geschlechter wurden somit auf ihre zukünftigen Aufgaben vorbereitet: Mädchen auf ihre Rolle als Leiterin des *oikos* und Mutter, Jungen auf den Krieg.

Die Grundausbildung der Knaben bestand aus Elementen wie Barfuß-Laufen oder Kampfspielen. Diese sollten den Körper abhärten und Gehorsam lernen. Lesen und Schreiben wurde zwar auch gelehrt, jedoch war die geistige Erziehung der körperlichen eindeutig untergeordnet. Besondere Strafen, wie ein Biss in den Daumen durch den Aufseher, sollten von „unnützem Geschwätz" abhalten.[24] Hatte der Knabe diese Grundausbildung durchlaufen, kam er im Alter von 14 Jahren in eine höhere Klasse. Hier trainierte er systematisch die Eigenschaften und Tugenden, die man für das Soldatenleben brauchte, z.B. Abhärtung durch das Schlafen auf Schilf oder Ausdauer und Kampftechniken in zahlreichen Kampfspielen und Wettbewerben. Die Hauptaufgabe dieser Wettspiele war es, den Ehrgeiz unter den Jugendlichen zu fördern und Konkurrenzdruck zu erzeugen. Manche dieser Wettspiele erscheinen einem heutigen Betrachter als seltsam. So ist in zahlreichen Quellen überliefert, dass es den Jungen erlaubt gewesen sei, sich ihre Nahrungsmittel zu erstehlen. Bestraft wurden sie lediglich, wenn sie sich als ungeschickt erwiesen oder sich beim Stehlen erwischen ließen.[25]

Mit 18 Jahren hatten die Jungen zwar das Schwerste hinter sich, blieben aber noch bis in das 30. Lebensjahr eine reine Männergemeinschaft. Daran änderte nicht einmal die Hochzeit und Familiengründung etwas. In diesen Jahren wendeten die Männer ihre Erfahrung in der Praxis an. Mit 30 endete die Wohn- und Schlafgemeinschaft mit den Altersgenossen und man war als Vollbürger mit allen politischen Rechten ausgestattet. Allerdings hielt sich auch jetzt noch das Privatleben stark in Grenzen. Der Dienst im Feld, in den öffentlichen Ämtern sowie die gemeinsamen Männermahle beanspruchten viel Raum im Leben des erwachsenen Spartiaten.[26]

3.2.1 Speisegemeinschaften

Speisegemeinschaften von Männern waren nichts Ungewöhnliches in Griechenland. Die Mitgliedschaft war eine der Grundvoraussetzungen für das spartanische Bürgerrecht. Was genau der Zweck dieser Institution war, ist bis heute noch unbekannt. Sicher ist nur, dass die Teilnahme an dem berühmten Männermahl Pflicht war.

Jede dieser Speisegemeinschaften bestand aus zumeist 15 Mitgliedern und sollte sowohl aus Älteren als auch Jüngeren zusammengesetzt werden. Man kam selbstverständlich nicht nur zum Speisen

---

[24] vgl. Baltrusch, E., 2010, S.67
[25] vgl. ebd.
[26] vgl. ebd., S. 68

zusammen, sondern auch der Wettbewerb unter den Speisegenossen wurde gepflegt. Wer etwas Besonderes für den Staat leistete, bekam Ehrenportionen und Ehrenplätze. Die Speisegemeinschaften können als das Fundament des spartanischen Staates bezeichnet werden. Hier wurden politische Fragen vorberaten, das Gemeinschaftsleben zelebriert, die sozialen Unterschiede überwunden, hier lernte man sich näher kennen und konkurrierte (freundschaftlich) miteinander zum Nutzen des Staates. [27]

Die lediglich auf Krieg und Kampf ausgerichtete Lebenseinstellung der Spartiaten scheint trotz ihrer schonungslosen und menschenvernichtenden Art bleibenden Eindruck in der Weltgeschichte hinterlassen zu haben. Die Berufung auf diese Einstellung wurde und wird von Menschen teilweise immer noch als richtig angesehen. Werden dabei die Grenzen zu einem Motivationsvorbild nicht überschritten? Dieser Frage soll im Folgenden nachgegangen werden.

4. Sparta als Vorbild für...

Kaum eine Verfassung hat in der Geschichte eine solch nachtragende Wirkung wie die spartanische. Den Römern diente sie vor allen Dingen zur Legitimation der Elitenherrschaft, in der Aufklärung wurden die Franzosen zur Gewaltenteilung angeregt, die marxistische Bewegung fand in ihr das Idealbild einer nicht- kapitalistischen Ordnung und die Nationalsozialisten des 20. Jahrhunderts unterstütze sie in der Propaganda der Rassenideologie und der extremen körperlichen Ertüchtigung des männlichen Geschlechts.[28] In diesem Kapitel sollen die mehr als eindeutigen Parallelen der spartanischen Agoge und des Nationalsozialismus herausgearbeitet und aufgezeigt werden.

4.1 ...die nationalsozialistische Ideologie

Im 20. Jahrhundert, welches vom Nationalsozialismus geprägt war, wurden Leonidas und seine Männer für die Freiheit stilisiert. Patrioten, welche bereit waren für ihre Heimat zu sterben, wurden hoch angesehen: Besser Tod als unfrei. Eine disziplinierte Armee, die bis zum bitteren Ende mitkämpft, war ein Zeichen Spartas militärischer Stärke. So auch bei Hitlers Truppen oder der Roten Armee.

4.1.1 Nationalsozialistische Erziehungsstile

„Der völkische Staat hat in [...] seine gesamte Erziehungsarbeit in erster Linie nicht auf das Einpumpen bloßen Wissens einzustellen, sondern auf das Heranzüchten kerngesunder Körper. Erst in zweiter Linie

---

[27] vgl. Baltrusch, E., 2010, S.71
[28] vgl. ebd., S. 117

kommt dann die Ausbildung der geistigen Fähigkeiten. [...] Ein wissenschaftlich wenig gebildeter, aber körperlich gesunder Mensch [...] ist für die Volksgemeinschaft wertvoller als ein geistreicher Schwächling."[29]

In diesem, von Hitler selbst verfassten Text in „Mein Kampf" wird deutlich, dass es in erster Linie auf den Ausbau körperlicher Stärke ankam und weniger auf die geistige Erziehung der Jugend. Die Parallelen zu den Prioritäten der Spartiaten sind hier sehr deutlich.

Auch in den obersten Zielen der nationalsozialistischen Pädagogik wie „Rassenbewusstsein", „Rassenhygiene" und „Rassenüberlegenheit" sind unzweifelhaft Ähnlichkeiten zum antiken Sparta zu erkennen.[30]

Zudem lassen sich auch bezüglich der Geschlechterunterschiede Vergleiche zum Erziehungsstil in der antiken Polis herstellen. Während die Jungen sich voll und ganz auf die Wehrertüchtigung konzentrieren sollten, war es den Mädchen bestimmt, sich auf ihre Rolle als gehorsame Ehefrau und Mutter vorzubereiten. Sowohl für die spartanische Frau, als auch für jene in der NS- Zeit, spielte die hauswirtschaftliche Ertüchtigung eine führende Rolle.

Ein vorbildlicher Volksgenosse im nationalsozialistischen sowie im spartanischen Verständnis, hatte sich körperlich zu ertüchtigen und unbedingte Loyalität gegenüber der Partei bzw. dem König hervorzubringen. Dasselbe galt für eine ideologische Zugehörigkeit zum Nationalsozialismus bzw. zum gesellschaftlichen System.

Die Vermeidung von Intellektualität und Wissen für die meisten Menschen während der NS- Zeit sollte wohl der Sicherstellung der Hierarchie dienen. Eine ähnliche Vermutung kann auch für die Spartiaten aufgestellt werden. Erhielten die Vollbürger keine Bildung im Sinne einer geistigen Bildung, war die Wahrscheinlichkeit größer, dass sie das hierarchische System hinnahmen und Entscheidungen akzeptierten, wie es beispielsweise in der bereits erwähnten Volksversammlung durchaus der Fall gewesen sein könnte.

4.1.1.1 Die Bedeutung des Elternhauses

Ein weiterer Punkt, durch den ich auf die zahlreichen Affinitäten im spartanischen und nationalsozialistischen Erziehungsstil aufmerksam geworden bin, zeigt die Bedeutung des Elternhauses auf:

„Neben Partei und Staat hat die Familie als natürliche Keimzelle des Volkes unabdingbare Erziehungspflichten und –rechte. Diese sind nach Umfang und Wirkung am stärksten in den ersten Lebensjahren und verklingen in dem Maße, wie Partei und Staat sich in die Erziehung einschalten [...].

---

[29] Hitler, A., 1939, S. 452
[30] vgl. Nemecek, H., 2002, S. 179

Alle Erziehungsarbeit in der Familie muss sich bewusst sein, dass sie ein Glied in der nationalsozialistischen Gesamterziehung des deutschen Volkes ist und den Treuhändern des deutschen Volkes – NSDAP und Staat – verantwortlich ist.[31]

Das Idealbild einer Familie in der NS-Zeit hatte ähnliche, wenn nicht sogar identische Inhalte wie das der spartanischen Gesellschaft: Die führende Rolle des Vaters, welcher zwar nicht oft gesehen wird, jedoch für die ökonomische Sicherheit der Familie sorgt und eine Mutter, welche durch ihre Obhut das Funktionieren des Haushaltes sichert.

4.1.2. Nationalsozialistische Rassenhygiene

Klare Aufgabe der deutschen Familien war die Reinhaltung der völkischen Rassensubstanz, wobei hierbei zwischen „wertvollen" und „minderwertigen" Erbanlagen unterschieden wurde. Jene, welche „wertvolle" Erbanlagen besaßen, wurden durch finanzielle Beihilfen, Werbekampagnen oder Steuerbefreiungen – schlicht zur Fortpflanzung - gedrängt. Auf der anderen Seite sollten minderwertige Erbanlagen ganz von der Fortpflanzung abgehalten werden. Zu diesem Zweck wurden Einführungen wie *„das Gesetz zur Verhütung erbkranken Nachwuchses"* oder *„das Gesetz zum Schutz des deutschen Blutes und der deutschen Ehre"* verfasst. [32]

„Die Aussetzung kranker, schwächlicher, missgestalteter Kinder [...] war menschenwürdiger und in Wirklichkeit tausendmal humaner als der erbärmliche Irrsinn unserer heutigen Zeit, die krankhaftesten Subjekte zu erhalten, [...] und hunderttausend gesunden Kindern infolge der Geburtenbeschränkung oder durch Abtreibungsmittel das Leben zu nehmen, in der Folgezeit aber ein Geschlecht von mit Krankheiten belasteten Degeneraten heranzuzüchten."[33]

Die Geschichtsrezeption der Nationalsozialisten hat die *Rassenfrage* und die *Rassenhygiene* zu einem wesentlichen Bestandteil des Sparta- Bildes gemacht.

4.1.2   Nationalsozialistische Hitlerjugend

Den idealen Knaben in der Hitlerjugend beschreibt Klönne wie folgt:

„Es war der äußerlich aktivierte und leicht aktivierbare, körperlich leistungsfähige, beruflich tüchtige, an Organisationsdisziplin gewöhnte Junge, der [...] an die Einhaltung der von der Organisation gelieferten Normen sich unreflektiert binden, Initiativen nur im Rahmen dieser Normen entfalten und

---

[31] Benze, R., 1999, S.84
[32] vgl. mit dem Aussetzen der kranken Säuglinge auf dem Taygetos
[33] Hitler, A., 1939, S. 57

sein Selbstgefühl auf die Stellung seiner Organisation und seine Position innerhalb derselben beziehen sollte."[34]

Gewissermaßen sollte der Erfahrungswert der Jungen lediglich auf den militärischen Bereich reduziert bleiben. Im Hinblick auf das eben erwähnte Zitat kann man sogar zu der Feststellung kommen, dass absichtlich dumme und dämliche Menschen erzogen wurden, mit dem Ziel, dass getroffene Entscheidungen der Partei ohne Hinterfragung hingenommen wurden. Ähnliches ist auch bei den Spartiaten zu beobachten. In vielen Quellen werden die Spartiaten als unklug beschrieben. Insbesondere im Vergleich zu dem für die damalige Zeit aufgeklärten Bürgertum Athens werden die Spartiaten als Barbaren bezeichnet. Herder beispielsweise sah in diesen beiden Poleis den sittenkulturellen Gegensatz zwischen Aufklärung und Patriotismus.[35]

4.1.3 Weitere Affinitäten zwischen Sparta und dem Nationalsozialismus

So wie die Spartiaten alle Arbeit von den Heloten verrichten ließen, welche ca. 80-85% der Gesamtbevölkerung ausmachten, waren auch die Juden in der NS- Zeit jene, welche die Schwerstarbeit zu verrichten hatten. Die elitäre Auslese sollte in beiden Fällen eine Anzahl von 5-10% der Bevölkerung nicht überschreiten. [36]

Sehr einprägsam erscheint in diesem Zusammenhang folgender Auszug aus Hitlers Zweitem Buch:

„Die Herrschaft der 6000 Spartaner über 3½ Hunderttausend Heloten war nur denkbar infolge des rassischen Hochwertes der Spartaner. Dieser war das Ergebnis einer planmäßigen Rasseerhaltung, so dass wir im spartanischen Staat den ersten völkischen zu sehen haben."[37]

Auch ein Zitat Hermann Görings zeigt die subjektive Einschätzung des deutschen Heroismus durch den Vergleich mit der Schlacht in den Thermopylen:

„Es waren dreihundert Männer, meine Kameraden, Jahrtausende sind vergangen, und heute gilt dieser Kampf dort, dieses Opfer dort noch so heroisch, so als Beispiel höchsten Soldatentums. Und es wird auch einmal heißen: Kommst du nach Deutschland, so berichte, du habest uns in Stalingrad liegen sehen, wie das Gesetz [...] es befohlen hat."[38]

Jedoch hatten weder Hermann Göring noch Hitler einen so entscheidenden Einfluss auf das Sparta-Bild während der NS- Zeit, wie Helmut Breve. Seine Interpretationen der Schlachten und der Agoge in

---

[34] Klönne, A., 2003, S.85
[35] vgl. Klement, A., 2010, S. 56
[36] Je nach Quelle werden hier unterschiedliche Prozentzahlen genannt
[37] Hitler, A., 1939, S. 56f.
[38] ebd., S.58

Sparta waren der wichtigste Anhaltspunkt, dass die antike Gesellschaftsstruktur der Spartaner vor rund 70 Jahren noch so großen Anklang fand.

„[Ihr Heldentum lag] darin, daß sie [Leonidas +300 Spartiaten], fern von der Heimat, an einer Stelle, wohin der Befehl sie gestellt hatte, aushielten aus keinem anderen Grund, als weil es so Befehl war. Das schien den übrigen Griechen [...], eine Tat von unwahrscheinlicher Größe, doppelt bewundernswert, weil sie denen, die sich geopfert hatten, wie ihren Brüdern daheim, selbstverständlich war. Wie hätte überhaupt ein lakedaimonischer König, wie hätte eine Spartiatenmannschaft ihren Posten verlassen können, ein Leben zu retten, dessen höchste Erfüllung die Bewährung im Kampfe war, gleich, ob er Sieg oder Tod brachte!"[39]

Ben Kiernan, Professor für Geschichte an der Yale Universität, hat ein Standardwerk über den Genozid verfasst. Er beschreibt darin, dass immer wieder Legitimationsversuche aus der Antike herangezogen wurden. Die Vernichtung Karthagos diente beispielsweise vielen Genoziden als Rechtfertigung. Wie auch bereits erarbeitet, bevorzugten die Nationalsozialisten Sparta als Modell des „Herrenmenschen". Bei aller vergleichenden Analyse macht Kiernan aber auch die besondere Stellung des Holocaust deutlich. „Der extremste Fall eines Genozids in der Geschichte ist fraglos in vieler Hinsicht einzigartig." [40]

Abschließend lässt sich festhalten, dass Sparta für die nationalsozialistische Ideologie definitiv vorbildtauglich war. Dies lässt sich schon aus der Hervorhebung des Körperlichen, des Kämpferischen, der Aufopferungsbereitschaft aber auch am Verhältnis des Individuums zur Masse erkennen, dem sowohl in Sparta als auch im Dritten Reich große kulturelle Bedeutung zukam. Andererseits sind auch zahllose schriftliche Quellen erhalten, in welchen der spartanische Mythos propagandistisch verwendet wurde. Von Hitler sind mehrere Bezugnahmen auf Sparta überliefert, von denen in diesem Kapitel nur exemplarische Auszüge aufgeführt wurden. Dass die Kampfkunst der Spartiaten jedoch bis heute noch insbesondere im amerikanischen Sektor als Vorbild angesehen wird, soll im nächsten Kapitel herausgearbeitet werden.

---

[39] Ditter, A.,1996, S. 22
[40] Sparta als Vorbild für das große Morden

5. Der moderne Leonidas? Die spartanische Kampfkunst im aktuellen amerikanischen Kontext

Die Moral der militärischen Standards in der Erziehung und dem Training in Amerika basieren auf klassischen und europäischen Traditionen und werden in Institutionen wie der „United States Military Academy" und der „United States Marine Corps" umgesetzt.

Dass lediglich diese zwei Institutionen im Irakkrieg involviert waren und damit nur 1 % der Bevölkerung, kann als Parallele zur Schlacht in den Thermophylen gesehen werden.

Ein weiteres Ebenbild zwischen der Einstellung im amerikanischen Krieg gegen den Irak und den spartanischen Schlachten sind auch die Schuldgefühle von zurückgekehrten Soldaten, die ihre Kameraden im Krieg fallen sahen.

So schreibt beispielsweise Achilles, als er seinen Vetter Patroklos im Kampf verlor, einige Zeilen, welche in Homers Werk zu finden sind.[41]

Die Hopliten in Sparta kämpften Seite an Seite, fielen gemeinsam und ruhten gemeinsam. Der Zusammenhalt unter den Kämpfern war enorm und erst das Zugehörigkeitsgefühl zu einer Gruppe machte die Spartiaten so unbesiegbar und stark. Durch die dichtgeschlossene, lineare Kampfformation der Infanterie konnten sie auch Pfeilschützen ausweichen. Jene waren in den Augen der Spartiaten ohnehin Feiglinge, welche sich aus dem Feldkampf zurückzogen. [42]

Nicht nur auf dem Feld, auch in der Vorbereitung oder in der Ruhezeit bestand ein sehr enges Verhältnis zwischen den Männern. Sie aßen, schliefen, trainierten, marschierten gemeinsam und wurden darauf getrimmt, für ihre Kameraden zu sterben. Ähnliche Verhaltensmuster sind auch heute noch in der U.S. Armee und der U.S. Marine zu erkennen. Diese Institutionen berufen sich nicht nur auf die unbedingte Solidarität zwischen den Mitgliedern, sondern auch darauf, dass jeder Soldat seine Gefühle auszuschalten und seine Männlichkeit aufrechtzuerhalten hat. Vor allem aber spielen hierbei der Stolz und die Liebe zum Vaterland eine vordergründige Rolle.

Samantha Henneberry, eine amerikanische Studentin, welche in der Universität Rhodos Geschichte studierte, führte im Rahmen ihrer Seminararbeit zwei Interviews mit amerikanischen Kriegsveteranen durch. Mit dem 25- jährigen Rob, der aus dem Irak in die Nationen zurückkehrte und Phil, einem 59 jährigen Kriegsveteran aus Vietnam, welcher zugleich ihr Stiefvater war.

---

[41] *May it come quickly. As things were,*
I could not help my friend in his extremity.
Far from his home he died; he needed me
to shield him or to parry the death stroke.
For me there's no return to my own country. In: Luther, A.,2006, S. 46
[42] SPARTA Stadt der Krieger (Youtube-Video)

In ihren Interviews bezog Samantha sehr viele Fragen auf den Film "300". Ich werde mich jedoch zusätzlich auch auf andere Antworten der interviewten Personen beziehen, da ich diese ebenfalls als interessant und passend für meine Fragestellung ansehe. Das Interview ist im vorletzten Kapitel ihrer Hausarbeit **„Modern Leonidas: Spartan Military Culture in a Modern American Context"**[43] zu lesen:

Rob berichtete, dass er und seine Kameraden während ihres Einsatzes im Irak den Film „300" mehrmals gesehen hatten. Obwohl sie wussten, dass der Film nur sehr wenige wahrheitsgetreue geschichtliche Ereignisse beinhaltet, erkannten sie in den Kampfhandlungen eine enorme motivationale Entwicklung. Diese entstand wohl durch die Betrachtung der Brüderlichkeit zwischen den Spartiaten, die in dem Film zum Ausdruck kommt.

Der Soldat beteuerte zudem, dass er sich gut mit den Kämpfern im Film identifizieren könne. Eine Differenz sah er darin, dass es den Spartanern in erster Linie um die Verteidigung ihres eigenen Landes ginge, was in ihrem Fall, im Krieg gegen den Irak, eben nicht so war.

Es kann davon ausgegangen werden, dass die Männer zum einen diesen Film anschauten, um ihrem grausamen Alltag für einen Moment zu entfliehen, zum anderen lag eine Übertragung der enormen Willenskraft auf ihre eigene Situation sicherlich nahe. Dennoch dürfte sich das unglückliche Ende des Filmes nachteilig auf die psychische Verfassung der Soldaten ausgewirkt haben.

Auch ein zweiter Soldat namens Phil wurde interviewt, welcher mit 17 Jahren in die Armee aufgenommen wurde und seine ersten 8 Wochen in der Anstalt beschrieb. Er schilderte diese als sehr mühevoll aufgrund der körperlichen Herausforderungen und Ansprüche. Er erkannte ein ideologisches Projekt dahinter: Zeigte man Schwäche, wurde man belächelt und mit Namen betitelt, die einem die Männlichkeit entzogen.

Ebenso erging es jenen Spartiaten, welche im Kampf versagten und nicht alles gaben. Kehrte einer von ihnen zurück und es sprach sich herum, dass er nicht gut gekämpft hatte, wurden seine Kinder verstoßen und seine Frau vergewaltigt. Ihm wurden alle politischen Rechte entzogen und die Ehre seiner Familie war dauerhaft zerstört. Dies ist ein weiterer Grund, weshalb die Spartiaten dem Tod auf dem Schlachtfeld so selbstverständlich gegenübertraten. Wahrscheinlich weil das Leben danach kein "richtiges" Leben mehr gewesen wäre.

Die interviewten Personen Rob und Phil gehören einem nur sehr geringen Teil der amerikanischen Bevölkerung an, welche in Irak und Vietnam mitgekämpft haben. Ähnlich dem kleinen Anteil an Spartiaten, die gegen die Perser kämpften.

Die amerikanischen Soldaten werden dazu getrimmt, alles für die Gruppe zu tun. In einer ihnen unbekannten und fremden Region ist es wenig verwunderlich, dass sie auf etwas beharren, das ihnen ein wenig Vertrautheit bietet, nämlich der Zusammenhalt mit den Kameraden.

---

[43] digitalcommons

Ebenso wie in Sparta, treten auch in Amerika die Männer mit 20 Jahren offiziell zum Kriegsdienst an. Sie können in diesem Alter nicht nur einfache Soldaten, sondern bereits Offiziere werden. Bis heute werden Kinder so erzogen, dass sie im Falle eines Krieges ihrem Land dienen. So auch bei Rob und Phil. Sie berichteten, dass die Werte in ihren Familien insbesondere auf Respekt, Pflicht, persönlichem Einsatz, Stolz und Liebe zum Vaterland beruhen. Diese Werte sind auch in der Armee von größter Bedeutung. Somit lässt sich zwischen der häuslichen Erziehung mit darauffolgendem Armeebeitritt eine deutliche Parallele zur antiken Polis ziehen. Legitimiert wird die Auseinandersetzung mit der spartanischen Geschichte in der Armee dadurch, dass den Soldaten hierdurch bewusst gemacht wird, welch hervorragende Kämpfer in den unterschiedlichen Epochen anzutreffen waren.

6. Resümee

Bevor ich mich dazu entschied, mich mit diesem Thema auseinanderzusetzen, hätte ich mir nicht vorstellen können, dass derart viele Elemente aus dem spartanischen System in den vergangenen Jahren aufgenommen wurden. Nicht nur im Nationalsozialismus, sondern auch in der aktuellen Erziehung der Soldaten sind zahlreiche Übernahmen dieses gnadenlosen Volkes zu erkennen. Viele Offiziere von Streitkräften finden die Einstellung einer Gruppendynamik motivationsfördernd. Die Frage, die sich für mich daraus ergeben hat, ist jedoch folgende: Ist das Verlangen danach, "die daheim" zu beschützen heute wirklich noch so groß, um sein eigenes Leben dabei aufs Spiel zu setzen und für das eigene Land zu sterben?

Sehr eindeutig hat sich in den vorherigen Kapiteln gezeigt, dass Sparta als Vorreiter der westlichen Disziplin und Taktik angesehen werden kann. Die Ausbildung in einer modernen Armee basiert immer noch auf Drill und Gehorsam. Dies ist das Vermächtnis des spartanischen Systems.

Aufgrund der Interviews mit Kriegsveteranen wird schnell deutlich, dass viele nicht restlos von ihrer Mission überzeugt sind, die spartanischen Lebensgewohnheiten sich dennoch so lange als Vorbild erhalten haben.

Der Kult um die Spartaner hat, wie bereits angedeutet, in den letzten Jahren auch die Filmbranche erreicht. Historische Ereignisse wie die Schlacht in den Thermopylen und aktuell der zweite Teil der "300", welcher die historische Seeschlacht von Artemisium umschreibt, spielen Millionen ein und bestätigen die heute noch vorherrschende gesellschaftliche Anerkennung solcher kriegerischer Helden.

Obwohl die Erziehungsmaßnahmen der Spartiaten in den meisten Abhandlungen als erbarmungs- und gefühllos beschrieben werden, kann nicht geleugnet werden, dass ihre furchtlosen Kämpfe die Unterdrückung ihres Volkes verhindert hat, sodass die Demokratie sich nicht nur in Griechenland, sondern im gesamten europäischen Raum ausbreiten konnte.

7. Literaturverzeichnis

Baltrusch, Ernst (2010): Sparta. Geschichte. Gesellschaft. Kultur. 4. Auflage. C.H.Beck, München

Benze, Rudolf (1990): Totaler Erziehungsanspruch, in: Gamm, Hans-Jochen: Führung und Verführung. Pädagogik des Nationalsozialismus. Paul List Verlag, München

Claus, Manfred (1983): Sparta. Eine Einführung in seine Geschichte und Zivilisation. Oscar Beck, München

Ditter, Andrea (1996): Sparta- Forschung zur Zeit des Nationalsozialismus. Eine Untersuchung über die Relevanz der Arbeiten des Helmut Berve. Seminararbeit, Universität Osnabrück

Giannopoulos, Stavros (2011): Griechischer Stadtstaat und hegemoniale Monarchie. Die Politik Spartas gegenüber Makedonien im 4. und 3. Jahrhundert v. Chr.. Peter Lang, Frankfurt

Hitler, Adolf (1939): Mein Kampf. 49. Auflage. Zentralverlag der NSDAP, München

Kimmerle, Ralph (2005): Völkerrechtliche Beziehungen Spartas in spätarchaischer und frühklassischer Zeit. Lit. Verlag, Münster

Klement, Andreas (2010): „Wanderer kommst du nach Deutschland...". Die spartanische Agoge in der nationalsozialistischen Geschichtsrezeption. Diplomarbeit, Universität Wien

Klönne, Arno (2003): Jugend im Dritten Reich. Die Hitlerjugend und ihre Gegner. PapyRossa, Köln

Luther, Andreas/Meier, Mischa/ Thommen, Lukas (2006): Das Frühe Sparta. Franz Steiner Verlag GmbH, München

Nemecek, Helga (2002): Zum Bildungs- und Erziehungsbegriff im Deutschen Nationalsozialismus. Menschenbilder im Kontext von Bildung, Erziehung und Politik. Dissertation, Wien

Wolff, Christina (2010): Sparta und die peloponnesische Staatenwelt in archaischer und klassischer Zeit. Herbert Utz Verlag GmbH, München

8. Internetverzeichnis

http://digitalcommons.uri.edu/cgi/viewcontent.cgi?article=1108&context=srhonorsprog

http://www.pm-magazin.de/a/der-fall-sparta

http://www.spiegel.de/wissenschaft/mensch/antikes-griechenland-sparta-ein-leben-fuer-den-krieg-a-310785.html

http://www.welt.de/kultur/article4049578/Sparta-als-Vorbild-fuer-das-grosse-Morden.html

http://www.youtube.com/watch?v=mUUil2rjxCI